上海市工程建设规范

桥梁工业化评价标准

Standard for assessment of bridge industrialization

DG/TJ 08—2424—2023
J 17039—2023

主编单位：上海市政工程设计研究总院(集团)有限公司
批准部门：上海市住房和城乡建设管理委员会
施行日期：2023 年 12 月 1 日

同济大学出版社

2023　上海

图书在版编目(CIP)数据

桥梁工业化评价标准 / 上海市政工程设计研究总院(集团)有限公司主编. —上海：同济大学出版社，2023.12
 ISBN 978-7-5765-0973-1

Ⅰ. ①桥… Ⅱ. ①上… Ⅲ. ①桥梁工程-工业化-评价标准 Ⅳ. ①U44-34

中国国家版本馆 CIP 数据核字(2023)第 215847 号

桥梁工业化评价标准

上海市政工程设计研究总院(集团)有限公司　主编

责任编辑　朱　勇
责任校对　徐春莲
封面设计　陈益平

出版发行　同济大学出版社　www.tongjipress.com.cn
　　　　　(地址：上海市四平路1239号　邮编：200092　电话：021-65985622)

经　销	全国各地新华书店
印　刷	浦江求真印务有限公司
开　本	889mm×1194mm　1/32
印　张	2
字　数	54 000
版　次	2023年12月第1版
印　次	2023年12月第1次印刷
书　号	ISBN 978-7-5765-0973-1
定　价	20.00元

本书若有印装质量问题,请向本社发行部调换　　版权所有　侵权必究

上海市住房和城乡建设管理委员会文件

沪建标定〔2023〕247号

上海市住房和城乡建设管理委员会关于批准《桥梁工业化评价标准》为上海市工程建设规范的通知

各有关单位：

由上海市政工程设计研究总院(集团)有限公司主编的《桥梁工业化评价标准》，经我委审核，现批准为上海市工程建设规范，统一编号为DG/TJ 08—2424—2023，自2023年12月1日起实施。

本标准由上海市住房和城乡建设管理委员会负责管理，上海市政工程设计研究总院(集团)有限公司负责解释。

上海市住房和城乡建设管理委员会
2023年5月22日

前 言

根据上海市住房和城乡建设管理委员会《关于印发〈2018年上海市工程建设规范、建筑标准设计编制计划〉的通知》(沪建标定〔2017〕898号)要求,标准编制组经广泛调查研究,认真总结实践经验,吸取有关研究成果,参考国内外相关标准,并在广泛征求意见的基础上,制定了本标准。

本标准的主要内容有:总则;术语;基本规定;建造条件评估;标准化设计评价;工厂化制造评价;装配化施工评价;信息化管理与效益评价。

各单位及相关人员在执行本标准过程中,请注意总结经验,积累资料,并将有关意见和建议反馈至上海市交通委员会(地址:上海市世博村路300号1号楼;邮编:200125;E-mail:shjtbiaozhun@126.com;上海市政工程设计研究总院(集团)有限公司(地址:上海市中山北二路901号;邮编:200092;E-mail:bzgf@smedi.com)、上海市建筑建材业市场管理总站(地址:上海市小木桥路683号;邮编:200032;E-mail:shgcbz@163.com),以供今后修订时参考。

主 编 单 位:上海市政工程设计研究总院(集团)有限公司
参 编 单 位:上海建工建材科技集团股份有限公司
　　　　　　　上海市机械施工集团有限公司
　　　　　　　上海公路桥梁(集团)有限公司
　　　　　　　大连理工大学
主要起草人:颜　海　邵长宇　张春雷　黄　虹　苏　俭
　　　　　　　陈晓明　吴　杰　蒋海里　祝林盛　崔　伟
　　　　　　　肖　容　张　磊　卜小龙　吴军伟　李　杰

	魏明光	张耀生	崔 瑶	田周松	陈兆荣
	周建诚	余 伟	王会丽	刘 佳	
主要审查人:	陆元春	李国平	刘经熠	黄少文	田培云
	邓青儿	苏庆田			

上海市建筑建材业市场管理总站

目　次

1 总　则 ·· 1
2 术　语 ·· 2
3 基本规定 ··· 3
　3.1 一般规定 ··· 3
　3.2 评价方法 ··· 3
4 建造条件评估 ·· 6
5 标准化设计评价 ·· 10
　5.1 一般规定 ··· 10
　5.2 构件标准化评价指标 ··· 10
　5.3 装配率评价指标 ·· 14
　5.4 设计深度评价指标 ·· 16
　5.5 信息化技术应用评价指标 ·· 17
6 工厂化制造评价 ·· 18
　6.1 一般规定 ··· 18
　6.2 评价指标 ··· 18
7 装配化施工评价 ·· 23
　7.1 一般规定 ··· 23
　7.2 评价指标 ··· 23
8 信息化管理与效益评价 ·· 27
　8.1 一般规定 ··· 27
　8.2 信息化管理评价指标 ··· 27
　8.3 综合效益评价指标 ·· 28
本标准用词说明 ··· 30
条文说明 ·· 31

Contents

1 General provisions ································· 1
2 Terms ································· 2
3 Basic requirements ································· 3
   3.1 General requirements ································· 3
   3.2 Evaluation methods ································· 3
4 Assessment of construction conditions ················· 6
5 Evaluation of standardized design ····················· 10
   5.1 General requirements ································· 10
   5.2 Grade items for standardized design of components ································· 10
   5.3 Grade items for assembly ratio ····················· 14
   5.4 Grade items for design depth ······················· 16
   5.5 Grade items for application of information technology ································· 17
6 Evaluation of factory fabrication ······················· 18
   6.1 General requirements ································· 18
   6.2 Grade items ································· 18
7 Evaluation of assembly construction ··················· 23
   7.1 General requirements ································· 23
   7.2 Grade items ································· 23
8 Evaluation of information management and effectiveness ································· 27
   8.1 General requirements ································· 27
   8.2 Grade items for information management ············ 27

8.3　Grade items for comprehensive effectiveness 28
Explanation of wording in this standard 30
Explanation of provisions 31

1 总　则

1.0.1 为规范桥梁工业化评价,引导桥梁建造向工业化方向发展,促进桥梁建造技术进步,提高桥梁建造的质量和效率,制定本标准。

1.0.2 本标准适用于城市道路、公路新建梁式桥梁的工业化评价。

1.0.3 桥梁工业化评价除应符合本标准外,尚应符合国家、行业和本市现行有关标准的规定。

2 术 语

2.0.1 工业化桥梁 industrialized bridge

采用以标准化设计、工厂化制造、装配化施工和信息化管理等为主要特征的工业化生产方式建造的桥梁。

2.0.2 预制构件 prefabricated component

在工厂或现场预先制作的结构构件。

2.0.3 装配率 assembly ratio

通过采用预制构件、钢筋模块化或工具式定型模板等实现的桥梁装配化施工工作量占全部施工工作量的综合比率。

2.0.4 装配化现浇构件 assembled cast-in-situ component

钢筋、模板等部件在工厂预先制作,并在现场装配,全部或部分混凝土现场浇注的构件。

2.0.5 钢筋模块化 modularization of reinforcement cages

把构件的钢筋制作成整体骨架或多个骨架模块,并运至构件生产(施工)区域装配的施工工艺。

2.0.6 工具式定型模板 instrumental sized formwork

由标准化模板单元、连接件和支承件组成,可按构件外形要求组拼,并可多次重复使用的装配式模板。

2.0.7 工业化目标等级 objective industrialization grade

根据桥梁建造条件确定、预期达到的桥梁工业化级别。

2.0.8 工业化评价等级 evaluated industrialization grade

对桥梁实际建造情况进行评价后得到的桥梁工业化级别。

3 基本规定

3.1 一般规定

3.1.1 工业化桥梁应符合标准化设计、工厂化制造、装配化施工、信息化管理的基本特征。桥梁工业化评价应针对整体桥梁工程或按建设管理划分的分段桥梁工程进行。

3.1.2 桥梁应根据建造条件评估确定工业化目标等级。工业化目标等级宜在工程可行性研究阶段确定。

3.1.3 桥梁工业化评价在工程可行性研究、初步设计、施工图设计和施工阶段，应根据设计方案、施工方案等工程资料进行初步评价和过程控制，在工程竣（交）工验收后，应根据竣（交）工验收资料进行最终评价并确定工业化评价等级。

3.1.4 桥梁工业化评价等级不应低于工业化目标等级。

3.1.5 桥梁工业化评价应按图 3.1.5 的评价流程进行。

3.1.6 桥梁的设计、施工应符合国家和行业有关标准的规定。

3.2 评价方法

3.2.1 桥梁工业化评价指标体系应包括标准化设计评价、工厂化制造评价、装配化施工评价和信息化管理与效益评价四项指标。每项指标的评价得分值均应按本标准的有关规定进行评分和计算。

3.2.2 桥梁工业化评价总得分值应按下式计算：

$$Q = a_1 Q_1 + a_2 Q_2 + a_3 Q_3 + a_4 Q_4 \qquad (3.2.2)$$

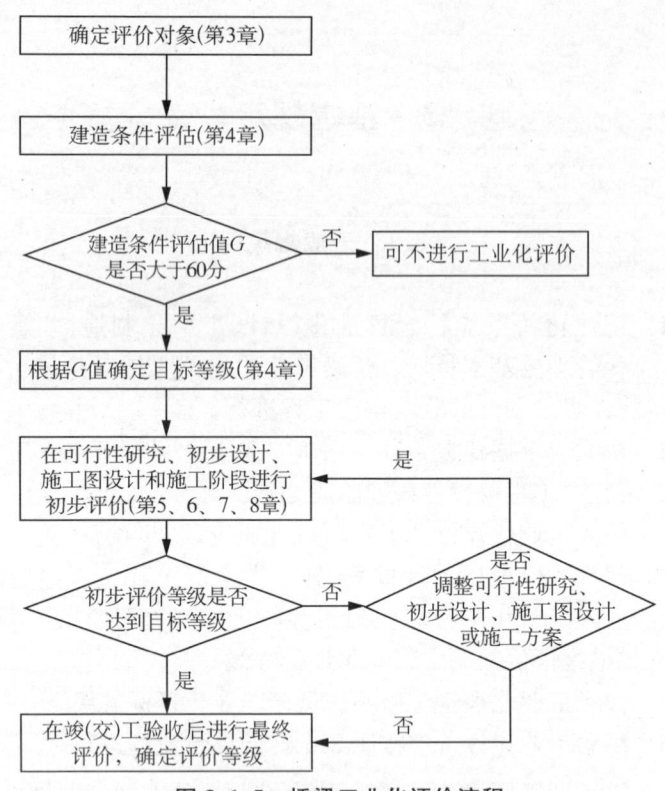

图 3.1.5 桥梁工业化评价流程

式中：Q——桥梁工业化评价总得分值，满分值为 100 分；
Q_1——标准化设计评价的得分值，满分值为 100 分；
Q_2——工厂化制造评价的得分值，满分值为 100 分；
Q_3——装配化施工评价的得分值，满分值为 100 分；
Q_4——信息化管理与效益评价的得分值，满分值为 100 分；
a_1——标准化设计评价指标的权重值；
a_2——工厂化制造评价指标的权重值；
a_3——装配化施工评价指标的权重值；
a_4——信息化管理与效益评价指标的权重值。

3.2.3 工业化桥梁应满足下列要求：
　　1 标准化设计评价得分值不低于 60 分。
　　2 工厂化制造评价得分值不低于 50 分。
　　3 装配率不低于 60%。

3.2.4 标准化设计、工厂化制造、装配化施工和信息化管理与效益评价指标的权重值应按表 3.2.4 采用。

表 3.2.4　桥梁工业化评价指标的权重值

指标	标准化设计	工厂化制造	装配化施工	信息化管理与效益
权重值	$a_1=0.50$	$a_2=0.25$	$a_3=0.15$	$a_4=0.10$

3.2.5 桥梁工业化评价等级应根据评价总得分值 Q，划分为 A 级、B 级、C 级、D 级，并应符合下列规定：
　　1 当 $Q \geqslant 90$ 分时，评价为 A 级工业化桥梁。
　　2 当 80 分 $\leqslant Q <$ 90 分时，评价为 B 级工业化桥梁。
　　3 当 70 分 $\leqslant Q <$ 80 分时，评价为 C 级工业化桥梁。
　　4 当 60 分 $\leqslant Q <$ 70 分时，评价为 D 级工业化桥梁。
　　5 当 $Q < 60$ 分时，不应评价为工业化桥梁。

4 建造条件评估

4.0.1 桥梁工业化建造条件评估应按表 4.0.1 确定。建造条件评估值 G 最高为 100 分。

表 4.0.1 桥梁工业化建造条件评估值 G

序号	项目		总分值	评估指标	评估值
1	工程性质		10	公路工程	10
				市政工程	5
2	项目实施方式		6	工程总承包	6
				非工程总承包	3
3	建设方经验		6	桥梁工业化方式实施项目数量≥3	6
				1≤桥梁工业化方式实施项目数量<3	4
				无桥梁工业化方式实施项目	1
4	工程规模和主要技术标准	桥梁面积 S	8	$S>10$ 万 m^2	8
				5 万 $m^2<S\leqslant 10$ 万 m^2	6
				1 万 $m^2<S\leqslant 5$ 万 m^2	4
				$S\leqslant 1$ 万 m^2	2
5		标准宽度单幅桥梁车道数量 M	5	$M\leqslant 2$	5
				$2<M\leqslant 4$	4
				$4<M\leqslant 6$	3
				$M>6$	2

续表4.0.1

序号	项目		总分值	评估指标	评估值
6	工程规模和主要技术标准	标准跨径 L	5	$L \leqslant 35$ m	5
				35 m$<L \leqslant 50$ m	4
				50 m$<L \leqslant 75$ m	3
				75 m$<L \leqslant 100$ m	2
				$L>100$ m	1
7		抗震设防类别	5	市政桥梁:丙类、丁类 公路桥梁:C类、D类	5
				市政桥梁:甲类、乙类 公路桥梁:A类、B类	3
8	场地(区域)施工条件		15	建设场地施工作业面宽松,周边的现状道路饱和度<0.6,吊装等施工条件好	15
				建设场地施工作业面较宽松,周边的现状道路饱和度为0.6~0.7,吊装等施工条件较好	12
				建设场地施工作业面较狭窄,周边的现状道路饱和度为0.7~0.8,吊装等施工条件较差	9
				建设场地施工作业面狭窄,周边的现状道路饱和度>0.8,吊装等施工条件差	6
9	场地周围对施工作业的要求		7	对环境、交通等要求高,需优先采用工厂化、装配化的建造方式	7
				对环境、交通等要求一般,可采用工厂化、装配化的建造方式	4
				对环境、交通等要求低,对建造方式无特殊要求	1
10	运输条件		5	各类桥梁构件能通过现状道路运抵施工现场,运输可达性好	5

续表 4.0.1

序号	项目	总分值	评估指标	评估值
10	运输条件	5	对现状道路局部加固、拓宽或限流后,各类桥梁构件能运抵施工现场,运输可达性较好	3
			利用现状道路,仅小型桥梁构件可运抵施工现场,运输可达性一般	1
11	场地建设条件	①铁路;②隧道、地道;③轻轨、地铁;④轻轨、地铁车站;⑤磁浮	每种因素2分,共10分	
			没有,或距离较远,对项目实施无影响	2
			距离较近但无交叉,或局部交叉,对项目实施影响较小	1
			大范围重叠或交叉,对项目实施有较大影响	0
12		机场	2	
			项目不在机场净空区,对项目实施无影响	2
			项目局部进入机场净空区,对项目实施影响较小	1
			项目大范围进入机场净空区,对项目实施有较大影响	0
13		①军用设施;②地下管线;③架空线;④地下构筑物;⑤变电站;⑥水库;⑦特种厂区或仓库;⑧文物等重点保护对象	每种因素2分,共16分	
			没有,或可搬迁,对项目实施无影响	2
			既有设施对项目实施影响较小	1
			既有设施对项目实施有较大影响	0
14	合计	100		

4.0.2 桥梁工业化目标等级应根据桥梁工业化建造条件评估值划分为四个等级,并应按表 4.0.2 确定。当桥梁工业化建造条件评估值 $G<60$ 分时,可不进行桥梁工业化评价。

表 4.0.2 桥梁工业化目标等级

桥梁工业化建造条件评估值 G	桥梁工业化目标等级
$90 \leqslant G \leqslant 100$	A 级
$80 \leqslant G < 90$	B 级
$70 \leqslant G < 80$	C 级
$60 \leqslant G < 70$	D 级

5 标准化设计评价

5.1 一般规定

5.1.1 标准化设计评价内容应包括桥梁承台顶面以上主要构件:主梁、盖梁、立柱、桥台、防撞护栏。

5.1.2 标准化设计评价总得分值应按下式计算:

$$Q_1 = \gamma_a Q_{1a} + \gamma_b Q_{1b} + \gamma_c Q_{1c} + \gamma_d Q_{1d} \quad (5.1.2)$$

式中:Q_1——标准化设计评价总得分值,满分值为100分;
$\quad Q_{1a}$——构件标准化评价的得分值,满分值为100分;
$\quad Q_{1b}$——装配率评价的得分值,满分值为100分;
$\quad Q_{1c}$——设计深度评价的得分值,满分值为100分;
$\quad Q_{1d}$——信息化技术应用评价的得分值,满分值为100分;
$\quad \gamma_a$——构件标准化评价指标的权重值;
$\quad \gamma_b$——装配率评价指标的权重值;
$\quad \gamma_c$——设计深度评价指标的权重值;
$\quad \gamma_d$——信息化技术应用评价指标的权重值。

5.1.3 构件标准化、装配率、设计深度和信息化技术应用评价指标的权重值应按表5.1.3采用。

表5.1.3 标准化设计评价指标的权重值

指标	构件标准化	装配率	设计深度	信息化技术应用
权重值	$\gamma_a=0.35$	$\gamma_b=0.50$	$\gamma_c=0.10$	$\gamma_d=0.05$

5.2 构件标准化评价指标

5.2.1 构件标准化评价得分值应按下式计算:

$$Q_{1a}=\omega_1 M_1+\omega_2 M_2+\omega_3 M_3+\omega_4 M_4+\omega_5 M_5 \quad (5.2.1\text{-}1)$$

式中：M_1——主梁标准化评价得分值，应按表 5.2.2-1 采用，满分值为 100 分；

　　　M_2——盖梁标准化评价得分值，应按表 5.2.2-2 采用，满分值为 100 分；

　　　M_3——立柱标准化评价得分值，应按表 5.2.2-2 采用，满分值为 100 分；

　　　M_4——桥台标准化评价得分值，应按表 5.2.2-2 采用，满分值为 100 分；

　　　M_5——防撞护栏标准化评价得分值，应按表 5.2.2-3 采用，满分值为 100 分；

　　　ω_1——主梁标准化评价指标的权重值，应按本标准第 5.2.3 条的规定采用；

　　　ω_2——盖梁标准化评价指标的权重值，应按本标准第 5.2.3 条的规定采用；

　　　ω_3——立柱标准化评价指标的权重值，应按本标准第 5.2.3 条的规定采用；

　　　ω_4——桥台标准化评价指标的权重值，应按本标准第 5.2.3 条的规定采用；

　　　ω_5——防撞护栏标准化评价指标的权重值，应按本标准第 5.2.3 条的规定采用。

当 $M_1 \sim M_5$ 缺项时，Q_{1a} 应乘以修正系数 ζ，ζ 应按下式计算：

$$\zeta = \frac{1}{1-\sum_{i=1}^{n}\omega_i} \quad (5.2.1\text{-}2)$$

式中，$\sum_{i=1}^{n}\omega_i$ 为缺失项的权重值之和。

5.2.2 主梁、盖梁、立柱、桥台、防撞护栏的标准化评价得分值

$M_1 \sim M_5$,应按表 5.2.2-1~表 5.2.2-3 采用。当表 5.2.2-1~表 5.2.2-3 中的单项得分值小于 0 分时,该项得分值应取 0 分。

表 5.2.2-1 主梁标准化评价的得分值 M_1

序号	项目	满分值	得分计算方法
1	构件标准化制作	60	重复使用量最多的 3 种标准化制作的构件面积之和与桥梁总面积之比≥80%,得满分。每减少 5%,减 5 分
2	预制构件种类	10	构造种类≤4 种,得满分。每增加 1 种,减 5 分
3	构件连接形式	15	连接形式≤2 种,得满分。每增加 1 种,减 7.5 分
4	构件节段长度	5	节段长度种类≤2 种,得满分。每增加 1 种,减 2 分
5	构件节段重量	5	节段重量种类≤2 种,得满分。每增加 1 种,减 2 分
6	构件安装公差种类	5	安装公差种类≤1 种,得满分。每增加 1 种,减 2 分
7	合计	100	

注:当采用装配化现浇构件时,表中序号 2~6 不得分,M_1 的得分值应为序号 1 得分值乘以 1.667。

表 5.2.2-2 盖梁、立柱、桥台标准化评价的得分值 $M_2 \sim M_4$

序号	项目	满分值	得分计算方法
1	构件标准化制作	60	重复使用量最多的 3 种标准化制作的构件数之和与总构件数之比≥80%,得满分。每减少 5%,减 5 分
2	预制构件种类	10	构造种类≤4 种,得满分。每增加 1 种,减 2.5 分
3	构件连接形式	15	连接形式≤2 种,得满分。每增加 1 种,减 5 分
4	构件节段长度	5	节段长度种类≤2 种,得满分。每增加 1 种,减 2 分

续表5.2.2-2

序号	项目	满分值	得分计算方法
5	构件节段重量	5	节段重量种类≤2种,得满分。每增加1种,减2分
6	构件安装公差种类	5	安装公差种类≤1种,得满分。每增加1种,减2分
7	合计	100	

注:当采用装配化现浇构件时,表中序号2~6不得分,$M_2 \sim M_4$的得分值应为序号1得分值乘以1.667。

表5.2.2-3 防撞护栏标准化评价的得分值 M_5

序号	项目	满分值	得分计算方法
1	构件种类	70	构造种类≤2种,得满分。每增加1种,减25分
2	构件连接形式	15	连接形式≤1种,得满分。每增加1种,减10分
3	构件节段长度	5	节段长度种类≤1种,得满分。每增加1种,减3分
4	构件节段重量	5	节段重量种类≤1种,得满分。每增加1种,减3分
5	构件安装公差种类	5	安装公差种类≤2种,得满分。每增加1种,减3分
6	合计	100	

注:当采用装配化现浇构件时,表中序号2~5不得分,M_5的得分值应为序号1得分值乘以1.429。

5.2.3 构件标准化评价指标的权重值应按表5.2.3采用。

表5.2.3 构件标准化评价指标的权重值 $\omega_1 \sim \omega_5$

各类构件权重值	$L_0 \leqslant 35$ m	$L_0 = 50$ m	$L_0 = 75$ m	$L_0 = 100$ m
主梁 ω_1	0.60	0.65	0.70	0.75
盖梁 ω_2	0.24	0.21	0.17	0.13

续表5.2.3

各类构件权重值	$L_0 \leqslant 35$ m	$L_0 = 50$ m	$L_0 = 75$ m	$L_0 = 100$ m
立柱 ω_3	0.10	0.08	0.07	0.06
桥台 ω_4	0.01	0.01	0.01	0.01
防撞护栏 ω_5	0.05	0.05	0.05	0.05

注：表中 L_0 为桥梁单孔跨径，当 L_0 在表中所列数值之间时，权重值可用直线内插法求得。

5.3 装配率评价指标

5.3.1 装配率评价得分值应按下列公式计算：

$$Q_{1b} = 100 \cdot P \quad (5.3.1-1)$$

$$P = \omega_1 P_1' + \omega_2 P_2' + \omega_3 P_3' + \omega_4 P_4' + \omega_5 P_5' \quad (5.3.1-2)$$

式中：P——装配率；

P_1'——主梁装配率；

P_2'——盖梁装配率；

P_3'——立柱装配率；

P_4'——桥台装配率；

P_5'——防撞护栏装配率；

$\omega_1 \sim \omega_5$ 的符号意义及取值同本标准第5.2.1条和第5.2.3条。

当 $P_1' \sim P_5'$ 缺项时，P 应乘以修正系数 ζ，ζ 应按式(5.2.2)计算。

5.3.2 主梁、盖梁、立柱、桥台、防撞护栏的装配率 P_i'，应按表5.3.2采用。

表 5.3.2 装配率 P_i'

构件	装配率
主梁	P_1'＝主梁名义预制面积/总面积
盖梁	P_2'＝预制盖梁混凝土方量/盖梁总混凝土方量
立柱	P_3'＝预制立柱混凝土方量/立柱总混凝土方量
桥台	P_4'＝预制桥台混凝土方量/桥台总混凝土方量
防撞护栏	P_5'＝预制防撞护栏长度/防撞护栏总长度

5.3.3 主梁名义预制面积应按混凝土梁、钢-混凝土组合梁、钢梁分别计算后相加，并应符合下列规定：

1 混凝土梁的名义预制面积应按下列公式计算：

$$A_1' = \beta_1 A_1 \qquad (5.3.3\text{-}1)$$

$$\beta_1 = \frac{V_1'}{V_1} \qquad (5.3.3\text{-}2)$$

式中：A_1'——混凝土梁的名义预制面积；

A_1——混凝土梁的实际桥面面积；

β_1——混凝土梁的装配率系数；

V_1——混凝土总方量；

V_1'——预制混凝土方量。

2 钢-混凝土组合梁的名义预制面积应按下列公式计算：

$$A_2' = \beta_2 A_2 \qquad (5.3.3\text{-}3)$$

$$\beta_2 = 0.5 + 0.5\frac{V_2'}{V_2} \qquad (5.3.3\text{-}4)$$

式中：A_2'——钢-混凝土组合梁的名义预制面积；

A_2——钢-混凝土组合梁的实际桥面面积；

β_2——钢-混凝土组合梁的装配率系数；

V_2——桥面板的混凝土总方量；

V_2'——预制桥面板的混凝土方量。

3 钢梁的名义预制面积应按其实际桥面面积计。

5.3.4 当混凝土构件采用装配化现浇施工时,构件装配率 $P_1' \sim P_5'$ 应按本标准第5.3.2条、第5.3.3条的规定采用,此时,预制构件混凝土方量为装配化现浇混凝土方量乘以装配化现浇修正系数 η。装配化现浇修正系数 η 应按下列规定取值:

1 当混凝土主梁、盖梁、立柱、桥台、防撞护栏采用装配化现浇施工时,η 取 0.3。

2 当钢-混凝土组合梁的混凝土桥面板采用装配化现浇施工时,η 取 0.5。

5.4 设计深度评价指标

5.4.1 项目的设计深度应符合工厂化制造和装配化施工的要求。

5.4.2 设计深度评价得分值应按表5.4.2的规定采用,满分值为100分。

表 5.4.2 设计深度评价的得分值 Q_{1c}

序号	评价指标及要求	得分值
1	具有完整的构件深化图,主要包括设计说明、构件统计表、连接节点详图、构件加工详图、构件安装详图、预埋件详图	20
2	构件深化图满足工厂生产、施工装配等相关环节承接工序的技术和安全要求,各种预埋件、连接件设计准确、清晰、合理	10
3	构件设计与构件生产工艺结合良好,与构件生产工厂建立有协同工作机制	10
4	项目设计与施工组织紧密结合,与施工单位建立有协同工作机制	10
5	构件设计合理、规格尺寸优化,便于生产制作,有利于提高工效、降低成本	10
6	构件连接技术安全可靠、构造合理、施工简便	10
7	构件设计满足构件运输和吊装能力要求,便于安装施工	10

续表5.4.2

序号	评价指标及要求	得分值
8	结合施工现场的边界条件,构件设计应考虑施工支架、模板系统设置的可行性、合理性、便捷性	10
9	构件设计综合考虑装配化施工的安装调节和公差配合要求	10
10	合计	100

5.5 信息化技术应用评价指标

5.5.1 项目各设计阶段过程中应采用信息化技术手段进行辅助设计。

5.5.2 信息化技术应用评价得分值应按表5.5.2采用,满分值为100分。

表 5.5.2 信息化技术应用评价的得分值 Q_{1d}

序号	设计阶段	评价指标及要求	得分值
1	可行性研究	制定方案设计阶段信息化应用方案及技术标准	5
		创建基础环境模型、方案模型等	10
		基于模型进行方案展示、虚拟漫游等专项应用	5
2	初步设计	制定初设阶段信息化应用方案及技术标准	5
		创建基础环境模型、初设模型等	20
		基于模型进行仿真漫游、方案比选、碰撞检查等专项应用	15
3	施工图设计	制定施工图阶段信息化应用方案及技术标准	5
		创建基础环境模型、施工图模型等	20
		基于模型进行设计图纸复核、碰撞检查、工程量统计等专项应用	15
4		合计	100

6 工厂化制造评价

6.1 一般规定

6.1.1 预制构件的工厂化制造应满足与桥梁设计、装配施工等环节的协调配合及组织管理要求。

6.1.2 工厂化制造评价应包括下列内容：
 1 预制厂场地布局与设备设施。
 2 质量管理与验收。
 3 人工用量。
 4 运输管理。

6.1.3 评价的预制厂应包括为参评项目生产预制构件的所有永久预制厂或临时预制厂。应对各预制厂分别评价，并应将各预制厂的评价得分按预制构件混凝土体积进行加权平均后作为参评项目的工厂化制造评价得分值。

6.1.4 工厂化制造评价可采用查阅资料、抽样检查、现场观察等方法。

6.2 评价指标

6.2.1 预制厂场地布局与设备设施评价得分值应符合表6.2.1的规定。本条评价的满分值为40分。

表6.2.1 预制厂场地布局与设备设施评价得分值

序号	评价指标及要求	得分值
1	场地布局	11(满分值)

续表6.2.1

序号	评价指标及要求		得分值
1.1	预制厂布置符合工厂化、专业化、规模化生产要求,道路和排水畅通		5
1.2	构件生产能力	具备单日预制6根及以上立柱的生产能力	6 (满足任一条件)
		具备单日预制3根及以上主线盖梁的生产能力	
		具备单日预制12根及以上主梁的生产能力	
		单日构件生产能力不低于400 m³ 混凝土	
		具备单日预制4根及以上立柱的生产能力	4 (满足任一条件)
		具备单日预制2根及以上主线盖梁的生产能力	
		具备单日预制8根及以上主梁的生产能力	
		单日构件生产能力不低于250 m³ 混凝土	
		具备单日预制2根及以上立柱的生产能力	2 (满足任一条件)
		具备单日预制1根及以上主线盖梁的生产能力	
		具备单日预制4根及以上主梁的生产能力	
		单日构件生产能力不低于120 m³ 混凝土	
2	生产设备、设施		24(满分值)
2.1	混凝土搅拌站集中搅拌、封闭管理		3
2.2	混凝土加工设备	不低于150型混凝土搅拌站成套设备(主机一备一用)	3
		不低于120型混凝土搅拌站成套设备(主机一备一用)	2
		不低于90型混凝土搅拌站成套设备(主机一备一用)	1
2.3	具备钢筋集中加工车间		3

续表6.2.1

序号	评价指标及要求		得分值
2.4	钢筋加工设备	以数控钢筋加工设备为主	4
		以传统机械钢筋加工设备为主	2
2.5	预应力张拉设备	以智能化张拉设备为主	4
		以手动控制张拉设备为主	2
2.6	混凝土养生设备	以自动喷淋设备(或蒸汽养护)为主	4
		以手动喷淋设备为主	2
2.7	其他技术先进的工艺设备		3
3	检测设备(试验室)		5(满分值)
3.1	原材料检测成套设备,应包含砂石、水泥、钢筋、外加剂、粉煤灰		3
3.2	试验室具备检测资质		2

注:预制厂仅生产非预应力构件时,表中序号2.5不评分,将得分值乘以1.111予以修正。

6.2.2 预制构件生产质量管理与质量验收评价得分值应符合表6.2.2的规定。本条评价的满分值为40分。

表6.2.2 预制构件生产质量管理与质量验收评价得分值

序号	评价指标及要求	得分值
1	质量管理体系完备	4(满分值)
1.1	完整的质量管理组织架构	2
1.2	完整的质量管理制度	2
2	质量管理实施依据完善	5(满分值)
2.1	按照有关标准规定、设计文件和合同要求编写施工组织设计和作业指导书	3
2.2	明确原材料的质量要求、生产工艺制度、技术参数和成品质量要求等	2
3	工厂化生产工艺要求	11(满分值)

续表6.2.2

序号	评价指标及要求	得分值
3.1	合理划分构件钢筋笼模块,钢筋笼在高精度定型胎架上绑扎成型	3
3.2	混凝土性能符合设计要求的同时,具有良好的工作性能,满足高效生产要求	3
3.3	模具、工装及其零部件标准化、模数化,具有通用性	3
3.4	模具加工、安装精度满足构件生产要求,刚度满足使用要求	2
4	原材料质量控制	6(满分值)
4.1	原材料质量保证资料真实完整	3
4.2	原材料复检报告真实完整	3
5	生产过程质量控制	6(满分值)
5.1	严格按照施工组织设计和作业指导书进行生产	3
5.2	各工序隐蔽工程验收资料真实完整,现场抽检情况与隐蔽工程验收资料相符	3
6	成品验收	8(满分值)
6.1	成品验收资料真实完整	3
6.2	成品质量抽查符合有关标准规定、设计文件和合同要求	3
6.3	构件成品编号、生产日期、主要构造参数、生产单位等标识清晰	1
6.4	构件出厂检验报告真实完整	1

6.2.3 预制构件生产人工(操作工人)用量控制评价得分值应符合表6.2.3的规定。本条评价的满分值为6分。

表6.2.3 预制构件生产人工(操作工人)用量控制评价得分值

序号	评价指标及要求		得分值
1	单位体积预制构件耗用人工	主梁、盖梁:不高于0.53工日/m^3	6
		立柱:不高于0.45工日/m^3	

续表6.2.3

序号	评价指标及要求		得分值
1	单位体积预制构件耗用人工	主梁、盖梁:不高于0.58工日/m³	4
		立柱:不高于0.50工日/m³	
		主梁、盖梁:不高于0.64工日/m³	2
		立柱:不高于0.55工日/m³	

6.2.4 预制构件运输管理评价得分值应符合表6.2.4的规定。本条评价的满分值为14分。

表6.2.4 预制构件运输管理评价得分值

序号	评价指标及要求	得分值
1	运输条件	7(满分值)
1.1	开展运输线路踏勘及途经桥梁普查、验算、加固等工作	2
1.2	依法取得道路超限运输许可	2
1.3	合理的运输组织方案	3
2	运输过程质量安全控制	7(满分值)
2.1	构件运输和临时存放过程中具有专门的质量安全保证措施	3
2.2	运输过程严格按照运输方案执行	3
2.3	构件运输进场具有成品交接验收记录	1

注:预制构件运输属于非超限运输时,表中序号1.2不评分,将得分值乘以1.167予以修正。

7 装配化施工评价

7.1 一般规定

7.1.1 装配化施工应满足与桥梁设计、构件生产运输等环节的协调配合与组织管理要求。

7.1.2 装配化施工评价应包括下列内容：
1 装配化施工工效。
2 施工组织与专项管理体系。
3 拼装配套模具、装置、起重设备。
4 拼装及灌浆工艺。
5 质量验收。

7.1.3 装配化施工评价对象应包括预制构件和装配化现浇构件。

7.1.4 装配化现浇构件应符合下列要求：
1 浇注混凝土所需的模板应采用工具式定型模板，并应预先拼装成大块或整体后到现场安装。
2 对主梁、盖梁、桥面板等水平构件，不应采用满堂落地支架。
3 应采用钢筋模块化施工工艺。

7.1.5 装配化施工评价可采用查阅资料、抽样检查、现场观察等方法。

7.2 评价指标

7.2.1 装配化施工工效评价得分值应符合表7.2.1的规定。本条评价的满分值为30分。

表 7.2.1 装配化施工工效评价得分值

序号	评价指标及要求		得分值
1	单个工作面主梁架设速度	架设主梁不少于12根/d	5
		架设主梁不少于8根/d	3
		架设主梁不少于4根/d	1
2	单个工作面盖梁架设速度	采用整榀盖梁时 架设盖梁不少于5根/d	5
		采用整榀盖梁时 架设盖梁不少于3根/d	3
		采用整榀盖梁时 架设盖梁不少于1根/d	1
		采用节段盖梁时 架设盖梁不少于3节/d	5
		采用节段盖梁时 架设盖梁不少于2节/d	3
		采用节段盖梁时 架设盖梁不少于1节/d	1
3	单个工作面立柱架设速度	架设立柱不少于6根/d	5
		架设立柱不少于4根/d	3
		架设立柱不少于2根/d	1
4	现场施工区域占地	桥梁宽度投影线内	15
		桥梁宽度投影线外不超过1车道	10
		桥梁宽度投影线外不超过2车道	5

7.2.2 装配化施工组织与专项管理体系评价得分值应符合表7.2.2的规定。本条评价的满分值为18分。

表 7.2.2 装配化施工组织与专项管理体系评价得分值

序号	评价指标及要求	得分值
1	建立完整项目组织机构及职责分工，根据设计要求、预制拼装精度要求、合同工期和现场实际工况等编制施工组织设计	8
2	在各项工序施工前建立健全质量保证体系、质量管理体系、安全生产管理体系和环保管理体系	4
3	在装配施工前根据现场实际情况编制具备完整的装配工法和技术标准的专项装配施工方案	6

7.2.3 装配化施工使用的拼装配套模具、装置、起重设备评价得分值应符合表 7.2.3 的规定。本条评价的满分值为 14 分。

表 7.2.3 装配化施工配套模具、装置、起重设备评价得分值

序号	评价指标及要求	得分值
1	承插钢筋定位板、吊具、吊架、吊点等装置进行专项设计,并出具计算书	4
2	吊车、履带吊、架桥机等大型吊装设备进行专项检测并由相关检测单位出具有效安全检验合格证	5
3	自行加工的吊具、吊架定期进行探伤检查和保养,使用前出具维修、使用、检验记录	3
4	立柱垂直度及平面位置调节装置、千斤顶、定位架等进行专项设计	2

7.2.4 装配化施工构件拼装及灌浆工艺评价得分值应符合表 7.2.4 的规定。本条评价的满分值为 26 分。

表 7.2.4 装配化施工构件拼装及灌浆工艺评价得分值

序号	评价指标及要求	得分值
1	构件拼装前,对拼接面标高、平面坐标和水平度进行复核,偏差符合设计要求	6
2	进行匹配预拼装,对拼接面、外露钢筋做好保护、清理等措施	7
3	根据工艺要求进行连接部位的座浆垫层、灌浆施工,采用专业设备进行灌浆料搅拌和压浆,根据相关规范要求留取座浆、灌浆试块并进行检测	7
4	构件灌浆作业保持连续,针对可能影响灌浆作业的突发状况,现场配备应急设备和人员	6

7.2.5 装配化施工质量验收评价得分值应符合表 7.2.5 的规定。本条评价的满分值为 12 分。

表 7.2.5 装配化施工质量验收评价得分值

序号	评价指标及要求	得分值
1	按国家现行有关标准进行工程质量验收,并且达到国家现行有关装配式结构工程验收标准的合格要求	4

续表7.2.5

序号	评价指标及要求	得分值
2	拼装前,施工单位对主要构件、材料、配件和设备的外观、规格、型号和质量证明进行验收,监理工程师进行检查并作出检查结论	4
3	后浇混凝土、灌浆、后装封闭式构件施工时,进行隐蔽工程检查并填写记录表	4

8 信息化管理与效益评价

8.1 一般规定

8.1.1 工业化桥梁应在设计、制造、施工阶段应用信息化技术，实现构件设计、制造生产、物流运输、施工装配等各环节的信息共享、数据传递与管理协同。

8.1.2 工业化桥梁宜进行 BIM、GIS、移动互联网、物联网、云技术等信息化技术的集成应用。

8.1.3 工业化桥梁信息化模型的单元分类及拆分方式、模型精细度、信息深度、数据交互格式等应满足国家、行业及项目的相关信息化标准或规范规定，且应符合项目实际特点及需求。

8.1.4 桥梁建造过程应建立节能、节水、节材和建筑废弃物管理制度，并应具有相应的数据记录和节约效果分析。

8.1.5 信息化管理与效益评价应由信息化管理评价和综合效益评价两部分组成，其中信息化管理评价的满分值为 40 分，综合效益评价的满分值为 60 分。

8.1.6 信息化管理与效益评价可采用查阅资料、抽样检查、现场观察等方法。

8.2 信息化管理评价指标

8.2.1 各实施阶段制定信息化管理实施方案，明确项目各阶段信息化管理目标、管理内容和交付成果。本条评价得分值为 5 分。

8.2.2 各实施阶段均配备信息化管理专员，并对信息化管理实施方案和实施成果进行管理。本条评价得分值为 5 分。

8.2.3 各实施阶段信息化管理评价得分值应符合表 8.2.3 的规定。本条评价的满分值为 30 分。

表 8.2.3 信息化管理评价得分值

序号	评价项目	评价指标及要求	得分值
1	设计阶段	采用基于 BIM 技术的协同设计软件平台,按照国家、行业或项目的标准建立构件模型,将需要的设计信息完整传递到后续环节	9
2	制造阶段	建立构件生产制造管理系统,并搭建构件生产信息数据库,记录构件生产过程关键信息,管控构件质量、生产进度等,实现生产过程精细化管理	12
3	施工阶段	建立构件施工管理系统,将设计阶段建立的信息模型与施工进度、施工成本等信息关联整合,记录构件运输、存放、吊装等施工过程信息,管控施工进度、施工质量等,实现施工过程精细化管理	9

8.3 综合效益评价指标

8.3.1 项目建造充分体现对行业技术进步的促进作用,其评价得分值应符合表 8.3.1 的规定。本条评价的满分值为 12 分。

表 8.3.1 项目建造对行业技术进步促进作用评价得分值

序号	评价项目	评价指标及要求	得分值
1	技术先进性	主要建造技术属国内领先技术,对桥梁建造水平和质量效益的提升效果明显	6
2	技术成果证明材料	项目采用的技术具有专利、相关科技奖项或设计、施工奖项等支撑	6

8.3.2 项目用工制度充分体现建立现代产业工人队伍,其评价得分值应符合表 8.3.2 的规定。本条评价的满分值为 12 分。

表8.3.2 项目用工制度评价得分值

序号	评价项目	评价指标及要求	得分值
1	专业化队伍	各类分部分项工程具备专业化队伍	4
2	工人岗位和技能	工人岗位相对固定,其专业技能经过职业技术培训	4
3	工人劳动关系	工人具有稳定的劳动关系和保障	4

8.3.3 项目在建造过程中充分体现减少能源、资源消耗和环保效益,其评价得分值应符合表8.3.3的规定。本条评价的满分值为36分。

表8.3.3 能源、资源节约与环保效益评价得分值

序号	评价项目	评价指标及要求	得分值
1	节能效果	制订并实施施工节能和用能方案,监测并记录施工能耗;与传统方式相比,现场施工能耗指标节约明显	7
2	节水效果	制订并实施施工节水和用水方案,监测并记录施工水耗;与传统方式相比,现场施工节约用水指标达到50%以上	7
3	节材效果	采用工厂化钢筋加工方法,降低现场加工的钢筋损耗率;采用工厂化加工的钢筋不少于80%,钢筋损耗率不大于2.0%	7
3	节材效果	最大限度地采用预制构件,减少现场作业,减少预拌混凝土、模板等材料的损耗。混凝土的损耗率不大于1.5%	7
4	环保效果	施工现场有整洁检查计划、检查记录和专人负责;施工现场有建筑垃圾控制计划和专人负责;施工垃圾减少50%以上;施工噪声不高于现行国家标准《建筑施工场界环境噪声排放标准》GB 12523的相关规定	8

本标准用词说明

1 为便于在执行本标准条文时区别对待,对要求严格程度不同的用词说明如下:
　　1）表示很严格,非这样做不可的用词:
　　　　正面词采用"必须";
　　　　反面词采用"严禁"。
　　2）表示严格,在正常情况下均应这样做的用词:
　　　　正面词采用"应";
　　　　反面词采用"不应"或"不得"。
　　3）对表示允许稍有选择,在条件许可时应首先这样做的用词:
　　　　正面词采用"宜";
　　　　反面词采用"不宜"。
　　4）表示有选择,在一定条件可以这样做的用词,采用"可"。
2 条文中指明应按其他有关标准、规范执行的写法为"应符合……的规定"或"应按……执行"。

上海市工程建设规范

桥梁工业化评价标准

DG/TJ 08—2424—2023
J 17039—2023

条 文 说 明

2023　上海

目 次

- 1 总 则 ……………………………………………… 35
- 3 基本规定 ………………………………………… 36
  - 3.1 一般规定 …………………………………… 36
  - 3.2 评价方法 …………………………………… 36
- 4 建造条件评估 …………………………………… 38
- 5 标准化设计评价 ………………………………… 45
  - 5.2 构件标准化评价指标 ……………………… 45
  - 5.3 装配率评价指标 …………………………… 48
- 6 工厂化制造评价 ………………………………… 49
  - 6.1 一般规定 …………………………………… 49
  - 6.2 评价指标 …………………………………… 49
- 7 装配化施工评价 ………………………………… 51
  - 7.1 一般规定 …………………………………… 51
  - 7.2 评价指标 …………………………………… 51
- 8 信息化管理与效益评价 ………………………… 52
  - 8.1 一般规定 …………………………………… 52
  - 8.2 信息化管理评价指标 ……………………… 52
  - 8.3 综合效益评价指标 ………………………… 53

Contents

1 General provisions 35
3 Basic requirements 36
　3.1 General requirements 36
　3.2 Evaluation methods 36
4 Assessment of construction conditions 38
5 Evaluation of standardized design 45
　5.2 Grade items for standardized design of
　　　components 45
　5.3 Grade items for assembly ratio 48
6 Evaluation of factory fabrication 49
　6.1 General requirements 49
　6.2 Grade items 49
7 Evaluation of assembly construction 51
　7.1 General requirements 51
　7.2 Grade items 51
8 Evaluation of information management and
　effectiveness 52
　8.1 General requirements 52
　8.2 Grade items for information management 52
　8.3 Grade items for comprehensive effectiveness 53

1 总 则

1.0.1 为了使工程建设方式向环境友好发展,主动适应防治大气污染、缓解交通拥堵和文明施工的要求,在政府的大力倡导下,以预制装配技术为代表的桥梁工业化快速推进。2016年5月,上海市交通委员会发布《上海市交通建设装配式技术应用推广方案(2016年—2018年)》,对提高桥梁工程预制率提出了具体要求。尽管预制装配式桥梁数量不断增加,但由于没有系统的评价指标体系进行引导,预制装配桥梁设计尚没有形成标准化、模数化,工厂预制工艺自动化程度仍较低,信息化和BIM技术尚未能贯穿桥梁的设计、生产、运输、施工、监理、运营等全生命周期管理。预制装配桥梁仍存在工业化水平较低、建造效益不高的情况,难以有效推动预制装配技术集约化发展和产业链培育。总结预制装配桥梁建设经验,制定并实施统一、规范的评价标准,对于引导促进桥梁工业化发展,促进传统建造方式向现代工业化建造方式转变具有十分重要的意义。对桥梁工业化的评价,应对桥梁采用工业化生产方式的程度和水平、质量和效益进行综合评价,避免片面地以预制率或部分采用工业化技术来评价,应建立一套具有科学性、系统性和导向性的桥梁工业化评价体系。

1.0.2 在城市道路与公路桥梁中,梁式桥梁是一种基本桥型,占绝大多数,且结构构造和施工工艺易于做到标准化,因此本标准对梁式桥梁的工业化程度进行评价。本标准适用于新建桥梁。改建桥梁所受约束条件较多,一般情况下难以用新建桥梁的标准来评价,当条件合适时可参照本标准进行评价。

3 基本规定

3.1 一般规定

3.1.1 基本特征是初步判断参评项目是否符合申请评价条件的基本要求。工业化桥梁的基本特征主要体现在项目的设计方法、技术手段、工厂生产、施工组织和信息化管理等方面。以整个工程或一定的建设管理分段范围内的桥梁作为评价对象,能全面、系统地反映工业化生产方式的全过程,具有通用性和可操作性。建设管理分段根据项目所处不同阶段,可以采用设计标段、施工标段等。

3.1.2,3.1.3 工业化评价等级代表工程项目工业化技术应用水平。由于工程项目的复杂性,工业化建造技术应用的程度和水平会受到工程规模、结构形式、场地及周边环境乃至业主经验等多种客观因素的影响。对于不同的工程项目,对其建造条件进行评估,合理考虑客观因素影响,确定合适的目标等级,能使工业化评价更具有针对性,起到科学引导的效果。建造条件评估在可行性研究阶段即可进行,工业化评价主要在设计和施工阶段进行。可行性研究阶段预先确定目标等级,便于后续阶段进行控制。例如,某工程建造条件评估得出的目标等级是B级,若实施过程中评价等级为C级,表示工业化程度未达到要求;若评价等级为B级,表示工业化程度达到要求;若评价等级为A级,表示工业化程度超过预期目标,具有很高的工业化水平。

3.2 评价方法

3.2.3 本条列出了工业化桥梁的基本要求和必要条件。标准化设计对发挥工业化建造规模效应、提高效益至关重要,同时工业化建造应最大限度地采用工厂制造的预制构件或部件,否则不能体现工业化建造的特点和优势。因此,规定了相关指标的最低要求。

4 建造条件评估

4.0.1，4.0.2 桥梁工业化建造条件从工程性质、项目实施方式、建设方经验、工程规模和主要技术标准、建设条件、场地周围环境要求等多方面进行评估。如项目受到除表4.0.1所列之外因素的影响，或者建设方、投资方有特殊考虑时，可进行适当调整，但应通过专家评审的方式确认其合理性，并作为后续阶段设计和工业化评价的依据。以下列出了上海市近5年实施的3个工程的桥梁工业化建造条件评估和桥梁工业化目标等级确定的案例。3个工程的建造条件评估如表4-1~表4-3所示。

（1）上海市S3公路先期实施段新建工程，以整条线路为评价对象，桥梁工业化建造条件评估总得分值为87分，对应的桥梁工业化建造目标等级为B级。

（2）上海市沿江通道越江隧道（江杨北路~牡丹江路）工程，以整条线路为评价对象，桥梁工业化建造条件评估总得分值为75分，对应的桥梁工业化建造目标等级为C级。

（3）上海市北横通道天目路立交工程，以整条线路为评价对象，桥梁工业化建造条件评估总得分值为73分，对应的桥梁工业化建造目标等级为C级。

表4-1 上海市S3公路先期实施段新建工程桥梁工业化建造条件评估值 G

序号	项目	总分值	评估指标	评估值
1	工程性质	10	公路工程	10
2	项目实施方式	6	非工程总承包	3
3	建设方经验	6	桥梁工业化方式实施项目数量≥3	6

续表 4-1

序号	项目		总分值	评估指标	评估值
4	工程规模和主要技术标准	桥梁面积 S	8	5万 $m^2 < S \leqslant$ 10万 m^2	6
5		标准宽度单幅桥梁车道数量 M	5	$4 < M \leqslant 6$	3
6		标准跨径 L	5	$L \leqslant 35$ m	5
7		抗震设防类别	5	B类	3
8	场地(区域)施工条件		15	建设场地施工作业面宽松,周边的现状道路饱和度<0.6,吊装等施工条件好	15
9	场地周围对施工作业的要求		7	对环境、交通等要求一般,可采用工厂化、装配化的建造方式	4
10	运输条件		5	各类桥梁构件能通过现状道路运抵施工现场,运输可达性好	5
11	场地建设条件	铁路	2	没有,或距离较远,对项目实施无影响	2
		隧道、地道	2	没有,或距离较远,对项目实施无影响	2
		轻轨、地铁	2	没有,或距离较远,对项目实施无影响	2
		轻轨、地铁车站	2	没有,或距离较远,对项目实施无影响	2
		磁浮	2	没有,或距离较远,对项目实施无影响	2
12		机场	2	项目不在机场净空区,对项目实施无影响	2
13		军用设施	2	没有,或可搬迁,对项目实施无影响	2

续表 4-1

序号	项目		总分值	评估指标	评估值
13	场地建设条件	地下管线	2	既有管线对项目实施影响较小	1
		架空线	2	没有,或可搬迁,对项目实施无影响	2
		地下构筑物	2	没有,或可搬迁,对项目实施无影响	2
		变电站	2	没有,或可搬迁,对项目实施无影响	2
		水库	2	没有,或可搬迁,对项目实施无影响	2
		特种厂区或仓库	2	没有,或可搬迁,对项目实施无影响	2
		文物等重点保护对象	2	没有,或可搬迁,对项目实施无影响	2
14	合计		100	总得分	87
				桥梁工业化建造目标等级	B级

表 4-2 上海市沿江通道越江隧道(江杨北路～牡丹江路)
工程桥梁工业化建造条件评估值 G

序号	项目		总分值	评估指标	评估值
1	工程性质		10	公路工程	10
2	项目实施方式		6	非工程总承包	3
3	建设方经验		6	桥梁工业化方式实施项目数量≥3	6
4	工程规模和主要技术标准	桥梁面积 S	8	$S>10$ 万 m^2	8
5		标准宽度单幅桥梁车道数量 M	5	$M>6$	2
6		标准跨径 L	5	$L\leqslant 35$ m	5
7		抗震设防类别	5	B类	3

续表 4-2

序号	项目		总分值	评估指标	评估值
8	场地(区域)施工条件		15	建设场地施工作业面较狭窄,周边的现状道路饱和度为0.7～0.8,吊装等施工条件较差	9
9	场地周围对施工作业的要求		7	对环境、交通等要求高,需优先采用工厂化、装配化的建造方式	7
10	运输条件		5	对现状道路局部加固、拓宽或限流后,各类桥梁构件能运抵施工现场,运输可达性较好	3
11	场地建设条件	铁路	2	大范围重合或交叉,对项目实施有较大影响	0
		隧道、地道	2	大范围重合或交叉,对项目实施有较大影响	0
		轻轨、地铁	2	大范围重合或交叉,对项目实施有较大影响	0
		轻轨、地铁车站	2	距离较近但无交叉,或局部交叉,对项目实施影响较小	1
		磁浮	2	没有,或距离较远,对项目实施无影响	2
12		机场	2	项目不在机场净空区,对项目实施无影响	2
13		军用设施	2	没有,或可搬迁,对项目实施无影响	2
		地下管线	2	既有管线对项目实施影响较小	1

续表 4-2

序号	项目		总分值	评估指标	评估值
13	场地建设条件	架空线	2	没有,或可搬迁,对项目实施无影响	2
		地下构筑物	2	没有,或可搬迁,对项目实施无影响	2
		变电站	2	没有,或可搬迁,对项目实施无影响	2
		水库	2	没有,或可搬迁,对项目实施无影响	2
		特种厂区或仓库	2	既有设施对项目实施影响较小	1
		文物等重点保护对象	2	没有,或可搬迁,对项目实施无影响	2
14	合计		100	总得分	75
				桥梁工业化建造目标等级	C级

表 4-3 上海市北横通道天目路立交工程桥梁工业化建造条件评估值 G

序号	项目		总分值	评估指标	评估值
1	工程性质		10	市政工程	5
2	项目实施方式		6	非工程总承包	3
3	建设方经验		6	桥梁工业化方式实施项目数量≥3	6
4	工程规模和主要技术标准	桥梁面积 S	8	5万 $m^2 < S \leq 10$ 万 m^2	6
5		标准宽度单幅桥梁车道数量 M	5	$2 < M \leq 4$	4
6		标准跨径 L	5	35 m $< L \leq$ 50 m	4
7		抗震设防类别	5	丙类	5

续表 4-3

序号	项目		总分值	评估指标	评估值
8	场地(区域)施工条件		15	建设场地施工作业面狭窄,周边的现状道路饱和度>0.8,吊装等施工条件差	6
9	场地周围对施工作业的要求		7	对环境、交通等要求高,需优先采用工厂化、装配化的建造方式	7
10	运输条件		5	对现状道路局部加固、拓宽或限流后,各类桥梁构件能运抵施工现场,运输可达性较好	3
11	场地建设条件	铁路	2	距离较近但无交叉,或局部交叉,对项目实施影响较小	1
		隧道、地道	2	没有,或距离较远,对项目实施无影响	2
		轻轨、地铁	2	距离较近但无交叉,或局部交叉,对项目实施影响较小	1
		轻轨、地铁车站	2	没有,或距离较远,对项目实施无影响	2
		磁浮	2	没有,或距离较远,对项目实施无影响	2
12		机场	2	项目不在机场净空区,对项目实施无影响	2
13		军用设施	2	没有,或可搬迁,对项目实施无影响	2
		地下管线	2	既有管线对项目实施有较大影响	0

续表 4-3

序号	项目		总分值	评估指标	评估值
13	场地建设条件	架空线	2	没有,或可搬迁,对项目实施无影响	2
		地下构筑物	2	没有,或可搬迁,对项目实施无影响	2
		变电站	2	没有,或可搬迁,对项目实施无影响	2
		水库	2	没有,或可搬迁,对项目实施无影响	2
		特种厂区或仓库	2	没有,或可搬迁,对项目实施无影响	2
		文物等重点保护对象	2	没有,或可搬迁,对项目实施无影响	2
14	合计		100	总得分	73
				桥梁工业化建造目标等级	C级

5 标准化设计评价

5.2 构件标准化评价指标

5.2.2 工程设计时应尽量采用和参考国家、行业或地方通用图集,以提升桥梁工业化水平,提高桥梁建造的质量和效率。

主梁、盖梁、立柱、桥台、防撞护栏等构件的标准化评价可参照下列原则进行:

1 构件标准化制作种类和预制构件种类以构件通用模板类型为区分原则,各构件模板类型的主要区分因素如下:

1) 箱形梁:箱体构造;
2) T型梁:腹板构造、马蹄构造;
3) 盖梁:挑臂长度、立柱间距、截面尺寸、底面斜率;
4) 立柱:截面尺寸、倒角构造;
5) 桥台:台身截面尺寸、台背耳墙构造;
6) 防撞护栏:外轮廓构造。

2 上部结构纵向连接形式包括:①结构简支,桥面连续;②简支变连续结构。

3 上部结构横向连接形式包括:①钢筋焊接连接;②钢筋搭接连接。

4 盖梁分段连接形式包括:①胶拼连接;②现浇接缝连接。

5 立柱连接形式包括:①灌浆套筒连接;②灌浆波纹钢管连接;③超高性能混凝土连接;④承插式连接;⑤预应力胶拼连接;⑥钢筋焊接+现浇湿接缝连接;⑦其他形式。

6 防撞护栏与梁体的连接形式包括:①超高性能混凝土连接;②钢筋焊接+现浇湿接缝连接;③其他形式。

7 构件节段长度及节段重量的标准化设计应以制作、运输、吊装等施工方式及施工机械为主要评价因素,如果采用相同的施工方式及机械,则归为一类。

8 各类构件的安装公差及匹配要求应进行标准化设计,以便于构件的加工制作和现场安装。构件的安装公差包括平面位置、方位角、垂直度、平整度、构件预制尺寸等要素。桥墩各构件安装公差要素如图5-1～图5-5所示。同一种构件如公差要求相同时,归为一类。如一个项目中有独柱墩和双柱墩,若采用2种公差要求时(一般双柱墩公差要求高于独柱墩),安装公差种类计为2种;若采用同一公差要求时(均按双柱墩公差要求),安装公差种类计为1种。

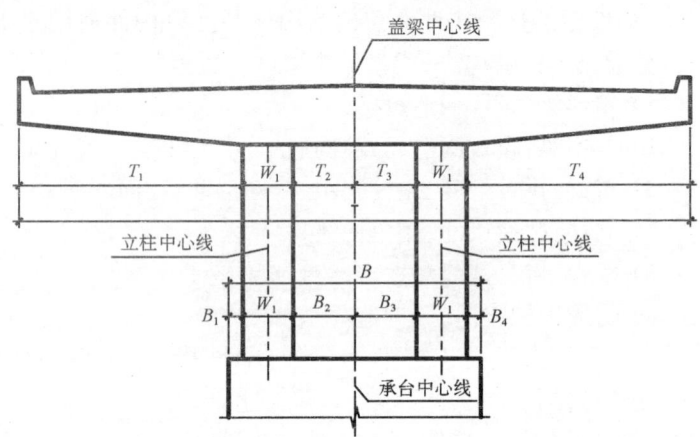

图 5-1 桥墩横桥向位置安装公差要素示意图

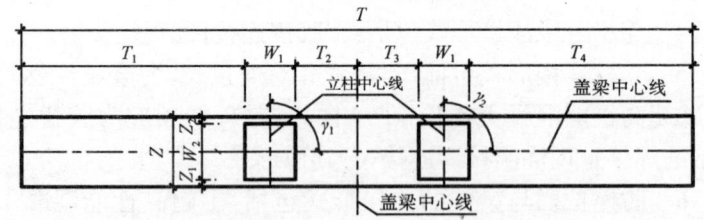

图 5-2 立柱与盖梁平面位置及平面夹角安装公差要素示意图

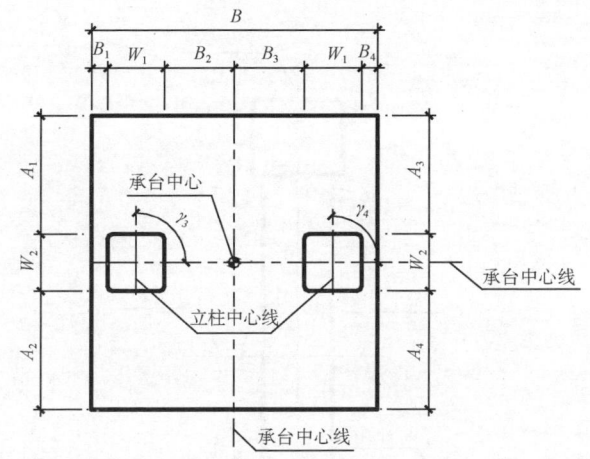

图 5-3 立柱与承台平面位置及平面夹角安装公差要素示意图

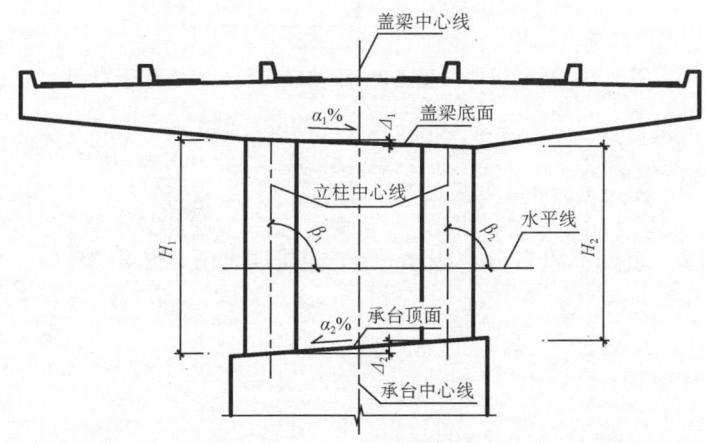

图 5-4 桥墩横桥向垂直度、平整度、构件预制尺寸安装公差要素示意图

5.2.3 一般情况下,上部结构工程造价占比随着桥梁跨径的增大而增加,通过针对不同跨径桥梁各构件混凝土用量或折算混凝土用量的比例进行分析和测算,得出不同跨径对应的桥梁各构件标准化评价指标的权重值。

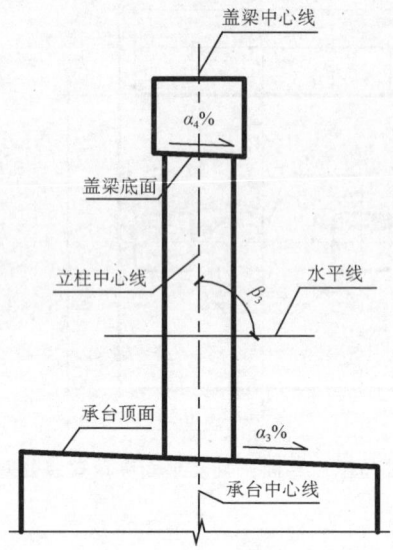

图 5-5 桥墩纵桥向垂直度、平整度安装公差要素示意图

5.3 装配率评价指标

5.3.2 装配率以百分率表示,分子应按四舍五入法取整。

6 工厂化制造评价

6.1 一般规定

6.1.2 对参评项目构件预制厂的评价,需综合评价预制厂的硬件和软件水平。衡量一个预制厂的工厂化程度,应当以预制厂生产能力和管理水平为主要依据,因此确定了以下四项评价指标体系,即场地布局与设备设施、质量管理与验收、人工用量及运输管理。

6.2 评价指标

6.2.1 构件预制厂的场地主要包括生产区域和堆场。预制厂总体布置应以生产区域作为核心区域,堆场、检测场地、办公场地、道路等均围绕生产区域布置。构件生产和堆放能力能真实反映构件厂的建设规模。通过调研,一般小型构件预制厂的生产能力为 120 m^3/d,所以规定 120 m^3/d 的生产能力作为生产能力的起评点,生产能力越大分值越高。构件预制厂的主要设备包括混凝土加工设备、钢筋加工设备、预应力张拉设备、混凝土养生设备等。混凝土加工设备主要指混凝土搅拌站成套设备,设备型号反映了产能大小,主机一用一备可以保障生产的连续性。钢筋加工设备、预应力张拉设备和混凝土养生设备,主要评价自动化和智能化程度。原材料和配合比的检测是预制构件厂正常生产过程中的常规检测项目,是构件厂应当具备的能力。具备试验室检测资质对试验室场地、试验设备及人员有很高要求,一般只有中、大型构件厂才会具备。

6.2.2 构件预制厂应当建立质量管理组织架构和质量管理制度,完整的质量管理体系是产品质量的制度保障。原材料是产品的源头,原材料的质量优劣对于产品质量有决定性影响,必须加强原材料的质量验收。所有验收应当保留相关验收记录,且相关记录必须真实完整。生产过程质量控制是为了确保生产过程处于受控状态,对于保证产品质量具有重要意义。首先,应严格按照施工组织设计和作业指导书实施生产组织和工序操作;其次,各工序隐蔽验收资料的真实完整是质量控制的基本要求。成品质量控制包括资料检查和成品抽查两部分。资料真实完整是质量控制的基本要求。成品质量抽查的相关要求,应符合相关质量验收规范的验收要求。

6.2.3 单位体积预制构件生产耗用人工数量真实反映了构件预制厂的管理和技术水平。根据调研,目前预制厂主要分三个层次:第一个层次的预制厂管理水平一般,或生产上主要采用传统设备和传统工艺,单位用工量较高;第二个层次的预制厂管理水平较好,或在部分工序中投入较为先进的自动化设备,或采用较为先进的施工工艺,单位用工量较低;第三个层次的预制厂管理能力强,或大量采用自动化、智能化机械设备,或采用行业领先的施工工艺,单位用工量最少。

6.2.4 很多市政桥梁构件的外形尺寸、重量超过了交通运输部门所规定的范围,属于超限运输作业。预制厂在构件运输前应合理选择运输路线,其运输路线涉及的道路桥梁应取得相关管理部门及交警等的许可。运输前应编写合理的运输组织方案和应急预案,运输过程中严格按照方案执行,确保构件运输安全,并注意成品保护。

7 装配化施工评价

7.1 一般规定

7.1.3，7.1.4 工业化建造不能片面追求构件工厂预制。在桥梁工程中，不可避免地存在超大、超重、异形构件，简单拆分预制会导致构件生产非标准化、费工费料费时的现象，背离推行工业化的初衷。对于不适合工厂预制的构件，通过采用工具式定型模板、预制现浇叠合、钢筋模块化等工艺，使模板、钢筋加工等环节在工厂制造、现场装配，减少现场工作量，同样能提高效率和质量，提升工程建造的工业化水平，这样的构件可称作装配化现浇构件。

7.2 评价指标

7.2.1 本条装配化施工工效评价根据当前施工技术水平制定。预制构件架设速度评价指标的制定，以采用预制立柱、整榀或节段预制盖梁、预制小箱梁的高架常用标准段结构为背景。

8 信息化管理与效益评价

8.1 一般规定

8.1.1 信息化技术应用不仅是各个阶段提质增效的有力手段，也是促进建设项目全生命周期数据共享与传递的桥梁。

8.1.2 本条中BIM即建筑信息模型的英文简称。GIS即地理信息系统的英文简称。

8.1.3 各阶段信息化模型应遵循国家、地方发布或项目制定的信息化相关标准，根据项目阶段需求进行单元分类、构件拆分以达到所需的模型精细度、信息深度并规定数据的文件交互格式。

8.1.4 桥梁工业化建造过程的节能、节水、节材和垃圾减量化效果与传统的施工建造方式相比优势明显。需要建立必要的管理制度，同时对相应的节约效果数据进行记录和分析比较。

8.2 信息化管理评价指标

8.2.1 信息化管理实施方案是对应阶段信息化技术应用策划，制定各阶段信息化管理的原则、目标、内容、交付成果、人员及实施方法等。各阶段信息化管理工作应优先制定该实施方案。

8.2.3 设计阶段中采用设计软件平台应能符合BIM理念，并不是单纯的建模软件，同时需要按照相关标准约束或规范建立的构件模型，以达到传递到后续环节的目的；制造阶段中构件生产制造管理系统全过程包括但不限于：材料采购、下料加工、生产进度、质量检查、成品管理、仓储管理、物流运输管理等；施工阶段中应在设计建立的信息模型基础上扩展施工进度、施工成本、施工状态等属性信息,并在管理系统中形成施工信息数据库。

8.3 综合效益评价指标

8.3.3 本条根据每个子项的分析报告进行评价,其计算依据为参评项目与传统施工方法数据之间的比较。传统项目取值依据相关标准和定额核定,并参考市场调研数据。